ÉLOGE FUNÈBRE

DE

MGR DE PRILLY,

ÉVÊQUE DE CHALONS.

ÉLOGE FUNÈBRE

DE

MONSEIGNEUR DE PRILLY

ÉVÊQUE DE CHALONS,

PRONONCÉ LE 10 JANVIER 1860,

Par M. JOANNÈS, Vicaire général.

———

CHALONS,

Imprimerie-Librairie de T. MARTIN, place du Marché, 54.

—

1860.

A SA GRANDEUR

Monseigneur l'Evêque de Châlons

HOMMAGE DU PLUS PROFOND RESPECT.

JOANNÈS, Vicaire général.

12 Janvier 1860.

ÉLOGE FUNÈBRE

DE

MONSEIGNEUR DE PRILLY

ÉVÊQUE DE CHALONS.

Mathathias defunctus est plenus dierum, et sepultus est à filiis suis, et planxerunt eum omnis Israël planctu magno.

Mathathias mourut plein de jours, et il fut porté au tombeau par ses fils, et sa mort causa un grand deuil dans tout Israël.   (MACHAB. I).

MONSEIGNEUR, [*]

L'Esprit saint nous a recommandé dans l'Ecriture de ne louer aucun homme avant sa mort. N'est-il pas à

[*] Monseigneur Bara, d'abord coadjuteur de Monseigneur de Prilly, et aujourd'hui évêque de Châlons.

craindre, en effet, que la louange, développant en nous le germe fatal déposé par le premier péché dans tous les cœurs, ne nous séduise en nous flattant et n'empoisonne à la fin nos vertus, toujours si fragiles? Mais, une fois que la mort a fermé, de sa froide main, les yeux du juste, et mis pour toujours son âme à l'abri des dangers de la terre, l'Eglise rompt le sceau du silence qu'elle avait mis sur nos lèvres, et elle publie elle-même, dans l'assemblée des saints, les louanges de celui dont le tombeau a reçu la dépouille mortelle : *et laudem ejus annuntiabit Ecclesia.*

C'est ce pieux devoir que je viens accomplir, en prononçant devant ce religieux auditoire l'éloge funèbre d'illustrissime et révérendissime Seigneur et Père en J.-C., Monseigneur Marie-Joseph-François-Victor Monyer de Prilly, quatre-vingt-treizième évêque de Châlons. Une volonté auguste, qui commande quand elle exprime un désir, a cru devoir confier cette filiale mission à l'un de ceux qu'il honora plus particulièrement de sa confiance, et qui peuvent vous dire avec le disciple bien-aimé : Ce que nous avons vu de lui, ce que nous avons entendu, ce que nos mains ont touché, voilà ce dont nous allons vous entretenir; *et testamur, et annuntiamus vobis.* En vous exposant, plutôt avec la fidélité de l'historien qu'avec l'éloquence de l'orateur, la vie d'un évêque qui s'est principalement sanctifié par cette simplicité apostolique qu'a préconisée l'Evangile, je veux être l'interprète de tous mes frères dans le sacerdoce; en parlant de lui, je veux parler pour eux; j'acquitterai leur dette avec la mienne.

————————

C'est le 29 octobre 1775 que naquit l'enfant de bénédiction dont nous devions être, un demi-siècle plus tard, la famille spirituelle. Il reçut le jour dans cette ville d'Avignon, qui fut longtemps la sœur de Rome, et où sa famille brillait de la double illustration de la naissance et de la vertu. Le Seigneur, qui le destinait au redoutable honneur de l'épiscopat, le prévint, dès sa naissance des bénédictions de sa douceur. Une mère, dont le cœur chrétien savait aimer sans faiblesse, veilla sur le berceau de ce précieux enfant. Plus prudente que tant d'autres mères, elle s'appliqua de bonne heure à écarter de cette âme innocente tout ce qui aurait pu en corrompre la pureté; elle fut elle-même le premier apôtre de son fils, et ce jeune cœur, sous la féconde influence des leçons et des exemples maternels, s'embellit peu à peu de vertus naissantes que l'heureuse mère vit s'épanouir avec l'âge, et qui donnèrent des fruits en leur temps. Cette femme forte, dans une lettre que Monseigneur recevait quelques jours après son arrivée au milieu de nous, lui disait avec une mâle et chrétienne énergie : « Dieu vous a fait évêque, mon fils ; ne me refusez pas une grâce : l'Eglise de Châlons est devenue votre épouse ; promettez-moi de ne la quitter jamais pour une autre Eglise, fût-elle plus importante et plus illustre. »

Auprès du jeune Victor, croissait sous l'aile protectrice de cette sainte femme, une sœur qui devait, plus tard, exercer dans l'enceinte d'un hôpital cet héroïque apostolat de la charité qui fait de la vie un long sacrifice. Et c'est là qu'elle est morte, après d'amères épreuves, cette humble et courageuse servante des pauvres. Dans une même maison, disait le Sauveur, se trouveront deux personnes ; l'une sera prise, et l'autre sera laissée : une bienheureuse exception fut faite pour la maison de notre Evêque ; le frère et la sœur furent l'un et l'autre choisis, et devinrent, à des titres divers, des vases d'honneur dans l'Eglise de Dieu.

Victor de Prilly, parvenu à cet âge où l'enfant doit faire ses premiers pas dans la vie, quitta sa ville natale et sa vertueuse mère, pour commencer ses études dans ce célèbre collége Mazarin, qui n'admettait au nombre de ses élèves que des enfants dont la noblesse fût bien prouvée. Là, cette précoce intelligence, sous la direction de maîtres habiles, prit un rapide essor. Cette imagination si vive saisissait avec une merveilleuse facilité les beautés littéraires des ouvrages que nous a légués l'antiquité. Dans cette école, si digne de sa réputation, il sentit bientôt s'éveiller en lui cet amour éclairé du beau, ce tact parfait, qui, d'un coup-d'œil, lui faisaient discerner l'alliage de l'or. Le vaste champ de l'histoire avait été exploré par lui avec une application persévérante ; combien de fois il nous a prouvé que, grâce à son étonnante mémoire, le fruit de ces premières études ne s'était pas borné pour lui à de vagues souvenirs, à des impressions fugitives ! La poésie, surtout, eut de bonne heure en lui un admirateur sagement enthousiaste, et sa jeune muse (pardonnez-moi cette expression) se signala par de timides essais qui, nous assure-t-on, n'étaient pas sans mérite. Qui parla, qui écrivit avec une plus élégante correction cette langue latine que, de nos jours, les plus habiles se contentent de comprendre et d'admirer? Où trouver une correspondance dont la diction, facile et châtiée tout à la fois, nous révèle, avec l'urbanité la plus délicate, un goût plus exercé et plus pur ?

Cependant la France, inquiète et agitée, commençait à ressentir les préludes de ces calamités effroyables que Bossuet et Fénélon avaient vues de loin se former dans lès profondeurs de l'avenir. Des hommes téméraires avaient, depuis près d'un siècle, semé dans le monde le vent de l'impiété et de la révolte religieuse et sociale ; nous allions recueillir les tempêtes. Le génie du mal, déchaîné sur notre patrie, s'attaquait surtout aux défenseurs de l'ordre et de l'autorité qui en constitue la base : la noblesse et le sacerdoce montèrent bientôt ensemble les degrés sanglants de l'échafaud.

Pour se soustraire à une mort presque certaine, le jeune et brillant élève du collége Mazarin vint demander à la gloire militaire une sûreté que sa patrie ne pouvait plus lui offrir. Soumis à cette discipline sévère qui n'admet pas une demi-obéissance, intrépide au milieu des dangers où l'homme étonnant qui tenait alors dans ses mains les destinées de la France, l'eut bientôt distingué entre mille autres braves, notre jeune gentilhomme, enrôlé sous le drapeau républicain, devint capitaine de dragons. Il prit part à cette sanglante bataille de Zurich dont il nous redisait, il y a un mois à peine, les principales circonstances, avec une ardeur qui nous charmait et qui devait sitôt après s'éteindre.

Le jeune capitaine voyait ainsi s'ouvrir devant lui une brillante carrière. Ne pouvait-il, aussi bien que tant d'autres, conquérir les premières dignités militaires ? Pourquoi ce qu'ils avaient obtenu lui échapperait-il, à lui qui devait, plus que personne, compter sur la justice et la faveur impériale? Qui pourrait donc exprimer la surprise de ses compagnons d'armes, lorsqu'on leur annonça que cette épée, qu'il avait portée si honorablement à Austerlitz, il venait de la déposer, avec ses légitimes espérances, au pied de l'autel de Marie, et qu'un séminaire abritait le vaillant officier pour lequel ils rêvaient le plus glorieux avenir ?

«Monseigneur, lui disait, longtemps après, un des plus illustres généraux de l'Empire, comment donc se fait-il que vous ayez renoncé à la vie militaire pour embrasser l'état ecclésiastique? Je vous avoue que cette détermination m'étonne, et je cherche en vain le mot de l'énigme. » Le bon évêque, pour toute réponse, se contenta de sourire. Eh bien! M. F., le mot de l'énigme, le voici : le capitaine de Prilly venait d'apprendre que son frère était atteint d'une maladie dangereuse, mortelle peut-être. Sans plus tarder, il part; mais le Rhône, dont les eaux s'étaient subitement accrues, lui oppose une barrière infranchissable; nul moyen de le traverser. Que va-t-il faire? Poussé par le désir de revoir un frère qu'il aime et qui se meurt, notre héros (car voici de l'héroïsme!) lance son cheval dans ces eaux rapides et profondes, en faisant vœu, s'il échappe au danger et atteint l'autre bord, de se consacrer au service des autels;

l'autre bord fut atteint, et le vœu ne tarda pas à s'accomplir.

Le moment arriva enfin où l'on crut pouvoir l'élever
à la dignité du sacerdoce; la foi, qui ne s'était jamais
éloignée de son cœur, y avait jeté des racines plus profondes, fortifiée qu'elle était par un enseignement plus
solide. Ne vous semble-t-il pas, M. F., que le Pontife
qui lui imposa les mains, dut lui adresser cette parole
de l'Apôtre : A l'avenir, travaillez comme un bon soldat
de J.-C.; recevez le glaive spirituel, qui est la parole
de Dieu ?

Ce glaive de l'esprit, qu'il avait reçu le jour de son
ordination, le nouveau soldat de J.-C. n'eut garde de le
retenir dans le fourreau. N'être dans l'Eglise qu'un ser-
viteur inutile, c'était une pensée qui révoltait sa délica-
tesse autant que sa foi. L'ambition militaire avait fait
place en lui à une ambition plus paisible et plus noble :
la gloire de Dieu et la conquête des âmes, tel est
le but vers lequel se dirigeront désormais toutes ses
pensées, tous ses efforts. Bientôt, la maison paternelle
sera changée par lui en séminaire; il réunira autour de
lui des enfants dont il veut faire, à force de soins et de
sacrifices, une milice sacerdotale qui, un jour, combattra
comme lui les combats du Seigneur. « Fondateur, supé-
rieur, professeur, je cumulais, nous disait-il avec son

gracieux sourire, tous les titres, toutes les fonctions »;
il aurait pu ajouter : tous les sacrifices et toutes les
fatigues. Il ne se donnait de repos ni le jour ni la nuit,
voulant, ainsi que l'Apôtre, enfanter de nouveau ces
petits enfants, jusqu'à ce que J.-C. fût formé en eux. Je
dois dire encore que ce modeste établissement a fourni à
presque toutes les carrières des hommes distingués.

L'humble prêtre sacrifiait ainsi, dans un obscur mais
utile labeur, sa santé et sa fortune, lorsqu'une nouvelle
à laquelle il était loin de s'attendre vint tout d'un coup
frapper d'effroi sa modestie. Louis XVIII venait de le
désigner pour le siége épiscopal de Châlons, récemment rétabli. Il craignait, en répondant par un refus à
la nomination royale, de résister à la volonté divine qui
l'appelait, et il s'inclina devant une décision qu'il n'eût
point provoquée, mais qu'il aurait jugé téméraire de
repousser. Préconisé le 17 novembre 1823, il fut sacré
le 18 janvier suivant, par Monseigneur Frayssinous, évêque d'Hermopolis.

Le 31 janvier 1824, le nouvel évêque de Châlons faisait son entrée solennelle dans sa ville épiscopale, sous
les auspices de la divine mère du Sauveur.

L'Eglise de Châlons, comme la plupart des églises de France, avait été dévastée par l'impiété révolutionnaire. La chaîne de nos pontifes avait été brisée ; le premier anneau d'une chaîne nouvelle venait de paraître, et l'avenir se renouait ainsi au passé. Le nouveau successeur de saint Memmie ne rencontrait que des ruines, et combien il s'en fallait que les ressources fussent égales aux désastres ! Il fallut vivre moins en évêque qu'en missionnaire. Le pontife que Dieu nous envoyait eut à peine, d'abord, où reposer sa tête, et vous savez tous, M. F., quel palais l'Évêque de Châlons habita jusqu'à sa dernière heure, sans jamais se plaindre.

Mais il se préoccupait vivement de l'état déplorable des églises et des presbytères, ainsi que du nombre si restreint de ses collaborateurs, généreux confesseurs de la foi pour la plupart, qui remplissaient, après les douloureuses fatigues de l'exil ou de la captivité, un pénible ministère dans lequel leurs forces trahissaient souvent leur courage. Mais, plein de confiance en Celui qui lui avait dit : Je vous envoie, il mit courageusement la main à l'œuvre. Quelques années auparavant, un prêtre selon le cœur de Dieu, mais enlevé trop tôt à l'affection reconnaissante de ses nombreux élèves (*), avait

(*) M. l'abbé Rollin.

doté notre ville d'un petit séminaire. Un grand séminaire était indispensable ; Monseigneur de Prilly se mit
en devoir d'en fonder un. L'entreprise était des plus
laborieuses; mais notre Evêque, qui aurait, à l'exemple
d'Abraham, espéré contre l'espérance même, parvint à
triompher des obstacles qui se multipliaient sous ses
pas.

Par un bonheur tout providentiel, il avait trouvé, dans
le dévouement et la prudence du premier magistrat de
ce département, un appui loyal qui, plus d'une fois, em-
pêcha son courage de défaillir. Vous ne vous étonnerez
pas, M. F., si je rapproche ici deux noms qui seront
toujours inséparables. Et comment séparer ce que la
charité, l'estime et la confiance ont uni si étroitement?
Comment parler de Monseigneur de Prilly, sans nommer
en même temps M. de Jessaint, dont il a voulu pronon-
cer lui-même, du haut de son trône, l'éloge funèbre (*)?

L'Evêque de Châlons, M. F., ne travailla pas en vain ;
le succès vint peu à peu consoler son zèle apostolique :
la tribu sacerdotale vit, chaque année, le nombre de
ses membres s'accroître; le diocèse prit une face nouvelle, le désert commença de refleurir, et nos églises,
relevées de leurs ruines ou restaurées, virent enfin les

(*) M. le Vicomte de Jessaint est mort le 9 janvier 1853.

cérémonies saintes succéder partout au silence et au dé-
laissement.

Les visites annuelles de l'infatigable pontife, cette
piété si fervente, cette affabilité paternelle à laquelle
venait se joindre une sainteté qui reportait notre pensée
aux plus beaux jours du christianisme naissant, tout,
jusqu'à cette voix si pure, si harmonieuse, touchait les
cœurs, et concourait à réconcilier avec la religion, trop
longtemps méconnue, nos populations redevenues chré-
tiennes.

Sans entrer ici dans une fatigante énumération de ce
que notre diocèse doit à son active sollicitude, je me
contenterai de vous dire : C'est lui qui nous a rendu
cette liturgie romaine que nos pères avaient connue, et
qui nous a rattachés par un lien plus étroit à la mère et
à la maîtresse de toutes les Eglises; nous lui devons encore, outre la publication de nouveaux Statuts diocésains,
l'établissement des Conférences ecclésiastiques et des Re-
traites pastorales, si propres, les unes et les autres, à
affermir, à développer dans le prêtre la science et la
vertu, sans lesquelles il ne saurait honorer son ministère.

Chacun de nous, dit saint Paul, a reçu de Dieu un
don qui lui est propre : tous ne sont pas prophètes,
tous ne sont pas docteurs, tous n'ont pas été doués de
cette éloquence dont la majesté et la force jettent dans

les âmes égarées une terreur salutaire, et courbent l'orgueil de l'intelligence sous le joug de la foi. Le don de Monseigneur, c'était la charité; c'est elle qui, avec l'humilité, forme le trait qui le caractérise : la charité et l'humilité, tel est le double esprit qui anima ce nouvel Elie.

La charité (pourquoi ne pas l'avouer sans détour?) suppléait en lui au talent oratoire, ou plutôt elle le rendait éloquent à son insu. Il pouvait nous dire avec l'Apôtre : Je ne suis pas venu à vous avec un langage sublime et pompeux; *veni non in sublimitate sermonis;* mais cette autre éloquence que l'homme qui est bon, comme parle J.-C., sait tirer, quand il le faut, du bon trésor de son cœur, ah! nul ne la posséda mieux que Monseigneur.

Sa main, M. F. (qui d'entre vous l'ignore?), ne s'étendait pas seulement pour bénir : saintement prodigue d'une fortune qu'il consacrait avec bonheur, soit à la gloire de la religion, soit au soulagement des membres souffrants de J.-C., il donnait sans se lasser; il donnait partout et toujours : il donnait aux indigents, dont il ne trouva jamais la prière importune; il donnait aux temples du Seigneur, dont il aima toujours la beauté; et ces cloches qui, depuis qu'il n'est plus, se sont associées à notre deuil par leur lugubre harmonie et leurs voix gémissantes, ces cloches sont elles-mêmes un de ses premiers bienfaits. Hélas ! M. F., il a vu, de son lit de douleur, son église cathédrale découronnée ; il a vu disparaître lentement ces flèches élégantes que, dans une nuit mémorable, il nous faisait admirer, portant jusqu'au ciel, comme deux gigantesques candélabres, l'éclatant et magnifique témoignage de sa piété envers la reine des anges !

Que si, durant le cours d'un aussi long épiscopat, le succès n'a pas toujours répondu à la générosité de ses désirs ; si les nombreux sacrifices qu'il s'est imposés ont été le plus souvent stériles devant les hommes, le Père céleste, qui voit dans le secret et s'attache avant tout aux intentions du cœur, ne les aura point laissés sans récompense.

Mais je serais infidèle à ma mission, je contristerais son cœur, si je passais sous silence le dernier bienfait qui couronna cette vie si riche en œuvres saintes. Voyez-vous ces jeunes Samuels (*) dont les voix suppliantes viennent de se mêler à nos chants religieux ? « Ce sont mes petits privilégiés, me disait-il un jour ; j'aime cette maison, ajoutait-il, je m'y attache avec une prédilection que l'on trouve peut-être enfantine ; que voulez-vous,

(*) La maîtrise de la cathédrale.

mon cher ? De toutes les œuvres que j'ai entreprises à si grands frais, celle-ci est la seule qui ait prospéré. » Le dirai-je ? M. F., cette paternelle et naïve confidence me rappelait le patriarche Jacob préférant Joseph à ses autres enfants, parce que, dit l'Ecriture, il l'avait engendré dans sa vieillesse : *eò quòd in senectute genuisset eum.*

Nous nous réjouissions en voyant l'auguste vieillard résister au poids des années qui s'accumulaient sur sa tête, et aux austérités auxquelles il continuait de se livrer. Il ne voulut jamais, malgré nos respectueuses instances, user lui-même des dispenses qu'il accordait à tous ses diocésains. Rien n'altérait cette santé qui nous semblait devoir se soutenir toujours, en dépit du progrès de l'âge. Un moment vint pourtant où force nous fut de reconnaître en lui les atteintes de la vieillesse. Néanmoins, nous nous reposions encore sur la vigueur d'un tempérament qui pouvait, pensions-nous, lutter avec succès contre les infirmités ; nos désirs se changeaient sans peine en espérances ; lui-même, trompé comme nous par le facile rétablissement de ses forces, faisait revivre, par sa sécurité, nos douces illusions. Il nous fallut enfin y renoncer. Détachée de tous ces biens éphémères que, tôt ou tard, la mort viendra faire tomber de nos mains, son âme tourna plus que jamais ses affections et ses désirs vers la cité permanente; plus que jamais sa conversation fut dans le ciel.

Au milieu de cet affaiblissement de l'homme extérieur, il lui fut donné de goûter une de ces douces joies qu'on chercherait vainement en dehors de la religion. Le jour était venu où, selon une antique et pieuse coutume, les reliques de nos saints patrons sont portées triomphalement dans les rues de la cité; il voulut présider une dernière fois cette fête de famille qu'il avait toujours tant aimée. Avec quel religieux étonnement, avec quelle respectueuse émotion on vit tout à coup apparaître, porté par de jeunes clercs, ce vénérable pontife qui nous semblait, dans cette pompe solennelle, préluder à la cérémonie de ses obsèques! Combien il paraissait heureux de se voir assiégé par toute cette multitude, avide de baiser une fois encore cette main défaillante qui ne cessait de la bénir! Jamais nous n'oublierons cette majestueuse pâleur, et ce dernier sourire qui venait péniblement éclore sur des lèvres décolorées!

Et maintenant, aurait-il pu vous dire, je sais que vous ne verrez plus ma face; le temps de ma dissolution et de ma mort approche; *jam delibor.* Condamné depuis longtemps à la plus complète immobilité, il attendait, avec le calme d'une résignation toute chrétienne, le jour où le Seigneur l'appellerait aux noces de l'Agneau; il s'humiliait sous la puissante main qui le purifiait par la souffrance; il adressait au Dieu qui allait le juger ces touchantes paroles du Roi-prophète, qui désarment la justice en implorant la miséricorde; il adorait le divin Rédempteur sur cette croix qu'il a teinte pour nous de son sang, lui offrant son corps affaibli comme une victime dont il lui demandait d'agréer le sacrifice. Lui aussi aurait pu dire alors : J'ai bien combattu, j'ai consommé ma course, j'ai conservé la foi; il ne me reste plus qu'à recevoir du juste juge la couronne qu'il a promise à ceux qui auront été fidèles jusqu'à la fin.

C'est dans ces sentiments, M. F., qu'après une lente et paisible agonie, il s'est éteint, il s'est endormi dans le Seigneur. Le jour même où nous offrions à Dieu les prémices d'une nouvelle année, les années éternelles commençaient pour lui, il entrait dans la maison de son éternité.

Il est mort; mais nous avons la confiance qu'il a déjà reçu la couronne de gloire des mains de Celui qui a promis la miséricorde aux hommes miséricordieux, et qui, le premier, s'est rendu pauvre, de riche qu'il était, pour nous enrichir par sa divine pauvreté. Il est mort; mais, exposé pendant toute une semaine à la vénération publique, il a reçu, d'une foule attendrie et respectueuse, des hommages dont ses os humiliés durent plus d'une fois tressaillir. N'en doutez pas, M. F., voilà le plus bel éloge funèbre, le panégyrique le moins suspect et le plus éloquent. Que dis-je? n'était-ce pas la voix de Dieu nous parlant par la voix du peuple?

Après d'honorables et pompeuses funérailles que présidait un prince de l'Eglise, il est descendu dans ce tombeau qu'il s'était lui-même préparé, et où il a été porté, comme Mathathias, par les mains de ses fils, ces mains sacerdotales qu'il a bénites et consacrées par l'onction sainte; *sepultus est à filiis suis.* Venez, M. F., et voyez; voyez cette inscription que, longtemps avant sa mort, il a fait graver sur sa tombe : *Sanctifiez le Dimanche!* Puisse cette parole d'une éloquente simplicité retentir dans toutes les paroisses de ce diocèse, et vous détourner de plus en plus de la profanation du jour consacré au Seigneur !

Mais pendant qu'il dort son sommeil au pied de la Vierge-mère sa patronne, son cœur, conformément à sa dernière volonté, reposera dans ce précieux établissement, berceau de la piété cléricale, école de la science sacrée, où sa voix paternelle s'est fait entendre si souvent (*). N'était-il pas bien juste que là où était son tré-sor, là fût aussi son cœur? O jeunes Timothées, gardez précieusement ce dépôt ; venez de temps en temps écouter, dans le silence du sanctuaire, ce que vous dira le cœur de votre ancien évêque : *Filioli mei*, mes petits enfants, tout ce qui est aimable, tout ce qui est saint, *quœcumque amabilia, quœcumque sancta*, recher-chez-le, pratiquez-le, *hœc agite*, et le Dieu de paix sera toujours avec vous.

Mais, en nous quittant, M. F., notre saint Evêque ne nous a pas laissés orphelins. Comme ce bienheureux vieillard de l'Evangile, il est mort dans la paix , parce que ses yeux avaient vu celui que le Seigneur avait préparé pour être après lui la lumière et la gloire de son peuple; il est mort dans la paix, parce qu'il savait à quelles mains il nous avait d'avance confiés. Nous aussi, Monseigneur, nous savons à quelles mains, à quel cœur nous a confiés en mourant Monseigneur de Prilly. Vous pouvez dire hardiment, comme le Prince des pasteurs : Je connais mes brebis, et mes brebis me connaissent, *cognoscunt me meœ*. Mais ceux-là surtout vous connaissent, Monseigneur, qui, depuis trois ans et demi, ont été plus à même d'apprécier tout ce que

(*) Le grand séminaire.

Dieu a mis en vous de bonté et de prudence, et que vous avez bien voulu honorer d'une confiance, d'un attachement, qu'ils sauront toujours reconnaître. Permettez-moi, en cet instant solennel, de me faire ici l'organe de tous les fidèles du diocèse de Châlons, et de déposer, aux pieds de votre Grandeur, l'hommage, unanime autant que sincère, de notre respect le plus affectueux, de notre soumission la plus filiale. Tous, prêtres et laïques, nous faisons profession de croire avec saint Irénée que l'Evêque est dans l'Eglise, et l'Eglise dans l'Evêque, et que celui qui n'est pas avec son Evêque, n'est pas dans l'Eglise (*).

Quant à moi, je m'écrierai, en finissant, avec le disciple d'Elie : Mon père, *pater mi,* vous êtes le char d'Israël et son conducteur; *Currus Israël et auriga ejus;* puissiez-vous l'être, Monseigneur, pendant de longues années ! *ad multos annos !*

____

(*) Scire debes Episcopum in Ecclesiâ esse, et Ecclesiam in Episcopo, et si quis cum Episcopo non sit, in Ecclesiâ non esse. (Epist. ad Magnes.)